Franz Schubert

SHORTER WORKS FOR PIANOFORTE SOLO

Edited by Julius Epstein

———— • • ————

FROM THE BREITKOPF & HÄRTEL
COMPLETE WORKS EDITION

Dover Publications, Inc., New York

Published in Canada by General Publishing Company, Ltd.,
30 Lesmill Road, Don Mills, Toronto, Ontario.
Published in the United Kingdom by Constable and Company, Ltd.,
10 Orange Street, London WC 2.

This Dover edition, first published in 1970, is an unabridged and
unaltered republication of *Phantasie, Impromptus und andere Stücke
für Pianoforte,* originally published by Breitkopf & Härtel, Leipzig, in
1888 as Series 11 of *Franz Schubert's Werke. Kritisch durchgesehene
Gesammtausgabe.*

International Standard Book Number: 0-486-22648-4
Library of Congress Catalog Card Number: 71-116823

Manufactured in the United States of America
Dover Publications, Inc.
180 Varick Street
New York, N.Y. 10014

Contents

Franz Schubert's Werke.

Kritisch durchgesehene Gesammtausgabe.

SERIE 11.

Phantasie, Impromptus und andere Stücke
für Pianoforte.

Leipzig, Verlag von Breitkopf & Härtel.

Phantasie
für das Pianoforte componirt
von

Schubert's Werke.

FRANZ SCHUBERT.
Op. 15.

Em. Edlen von Liebenberg-Zittin zugeeignet.

Allegro con fuoco ma non troppo.

F. S. 108.

Ausgegeben 1888.

F. S. 108.

Adagio.

F. S. 108.

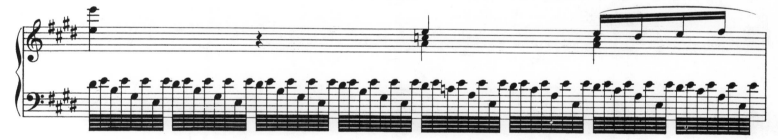

F. S. 108.

Presto.

Vier Impromptus
für das Pianoforte componirt
von
FRANZ SCHUBERT.
Op. 90.

Schubert's Werke.

I.

Allegro molto moderato.

Stich und Druck von Breitkopf & Härtel, Leipzig.

II.

F. S. 109.

Coda.

III.

F. S. 109.

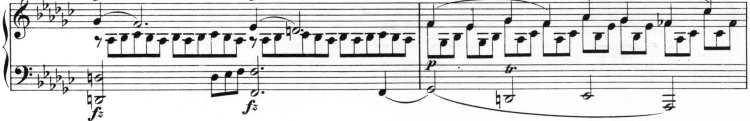

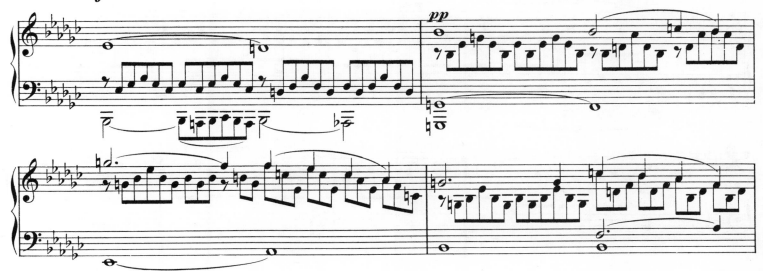

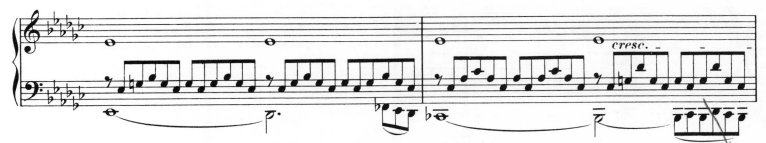

IV.

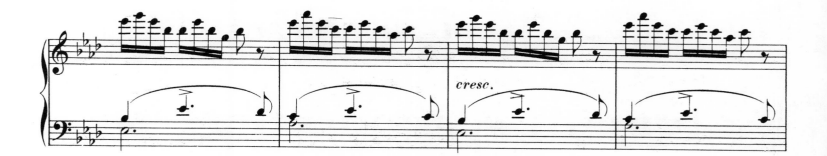

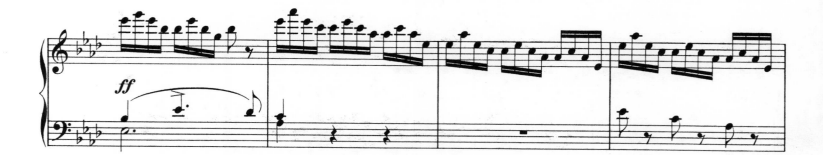

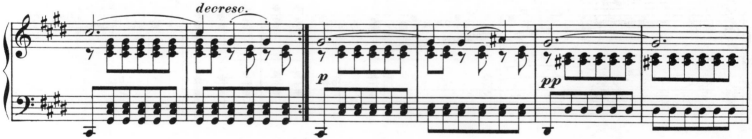

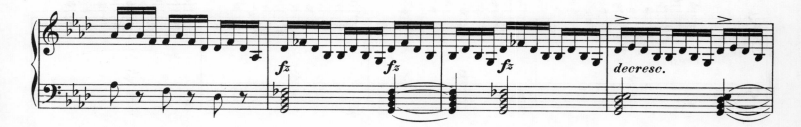

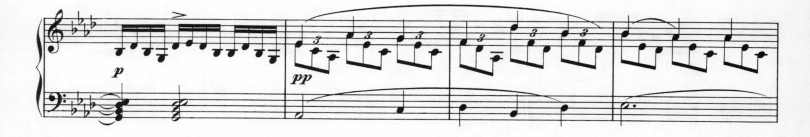

Vier Impromptus
für das Pianoforte componirt
von

Schubert's Werke.

FRANZ SCHUBERT.
(Erschienen als Op. 142.)

I.

(December 1827.)

Allegro moderato.

Stich und Druck von Breitkopf & Härtel, Leipzig.

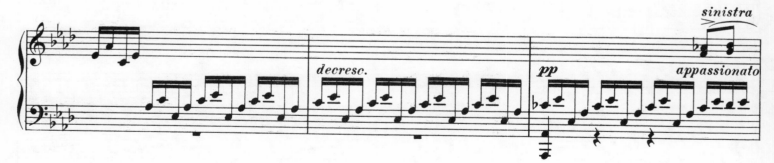

F. S. 110.

II.

Allegretto.
sempre ligato

Trio.

III.

THEMA.
Andante.

VAR. I. *ligato*

VAR. IV.

VAR. V.

IV.

Allegro scherzando.

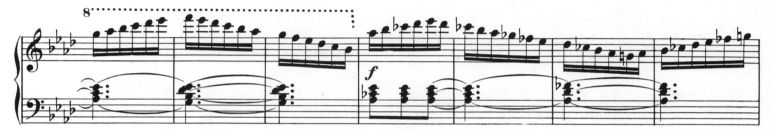

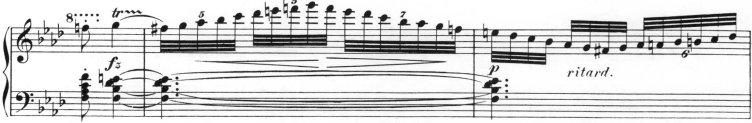

Più presto.

Moments musicals
für das Pianoforte componirt
von
FRANZ SCHUBERT.
Op. 94.

Moderato. **Heft I.**

Stich und Druck von Breitkopf & Härtel, Leipzig.

Andantino.

2.

Allegro moderato.

3.

Heft II.

4.

Allegro vivace.

5.

Allegretto.

6.

Allegretto D.C.

Adagio und Rondo
für das Pianoforte componirt
von

Schubert's Werke.

FRANZ SCHUBERT.

(Erschien als Op. 145.)

Stich und Druck von Breitkopf & Härtel, Leipzig.

F. S. 112.

Allegretto moto.

Zehn Variationen
für das Pianoforte componirt
von
FRANZ SCHUBERT.

(Februar 1815.)

THEMA.
Andante.

VAR. I.

Stich und Druck von Breitkopf & Härtel, Leipzig.

F. S. 113.

VAR. II.

VAR. III.
Più moto.

VAR. IV.

VAR. V.

Andante con moto.

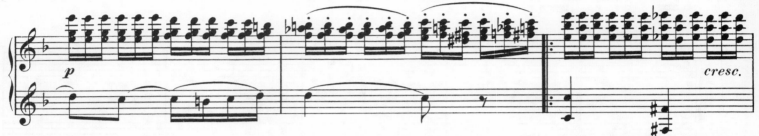

VAR. VI.

VAR. VII.
Scherzando.

VAR. VIII.

F. S. 113.

VAR. IX.
Adagio.

VAR. X.
Allegro.

Variationen
über ein Thema von Anselm Hüttenbrenner
für das Pianoforte componirt
von
FRANZ SCHUBERT.

Schubert's Werke.

Serie 11. No. 7.

(August 1817.)

THEMA.
Andantino.

VAR. I.

Stich und Druck von Breitkopf & Härtel, Leipzig.

VAR. II.

VAR. III.

VAR. IV.

VAR. V.

VAR. VI.

VAR. VII.

VAR. VIII.

VAR. IX.

VAR. X.

VAR. XI.

VAR. XII.

VAR. XIII.
Allegro.

Variation
über einen Walzer von Ant. Diabelli
für das Pianoforte componirt
von
FRANZ SCHUBERT.

Serie 11. No 8.

(Mai 1821.)

Stich und Druck von Breitkopf & Härtel, Leipzig.

Andante
für das Pianoforte componirt
von
FRANZ SCHUBERT.

Schubert's Werke.

(Den 9. September 1812.)

Stich und Druck von Breitkopf & Härtel, Leipzig.

F. S. 116.

Klavierstück
(in A dur)
von
FRANZ SCHUBERT.
(Das Autograph enthält keinen Titel.)

Serie 11. No. 10.

Stich und Druck von Breitkopf & Härtel, Leipzig.

F. S. 117.

Adagio
für das Pianoforte componirt
von
FRANZ SCHUBERT.

Schubert's Werke.

Serie 11. No. 11.

(April 1818.)

Stich und Druck von Breitkopf & Härtel, Leipzig.

F. S. 118.

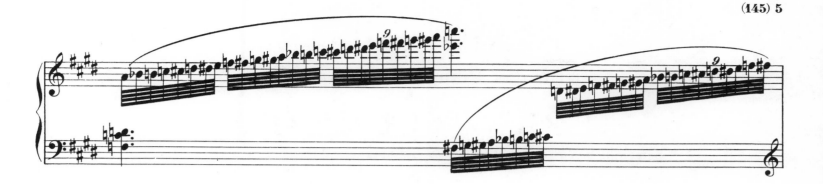

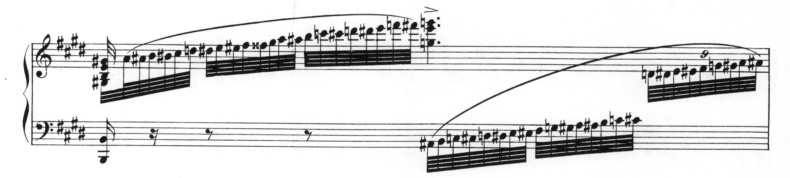

Schubert's Werke.

Allegretto
für das Pianoforte componirt
von
FRANZ SCHUBERT.
Seinem lieben Freunde Walcher zur Erinnerung. Wien den 26. April 1827.

Serie 11. No 12.

Allegretto.

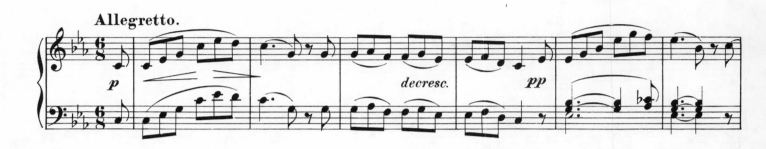

Stich u.d. Druck von Breitkopf & Härtel, Leipzig.

Drei Klavierstücke
von
FRANZ SCHUBERT.

I.

(Mai 1828.)

Allegro assai.

Stich und Druck von Breitkopf & Härtel, Leipzig.

F. S. 120.

Andante.

Tempo I.

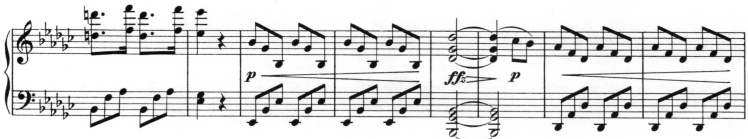

II.

Allegretto.

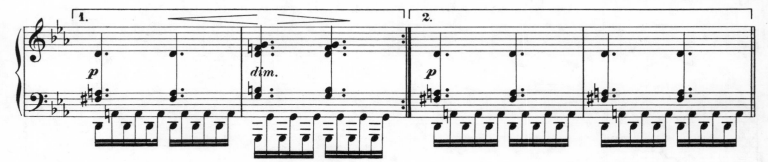

L'istesso tempo.

III.

Allegro.

Coda.

Fünf Klavierstücke

von

FRANZ SCHUBERT.

I.

Allegro moderato.

Stich und Druck von Breitkopf & Härtel, Leipzig.

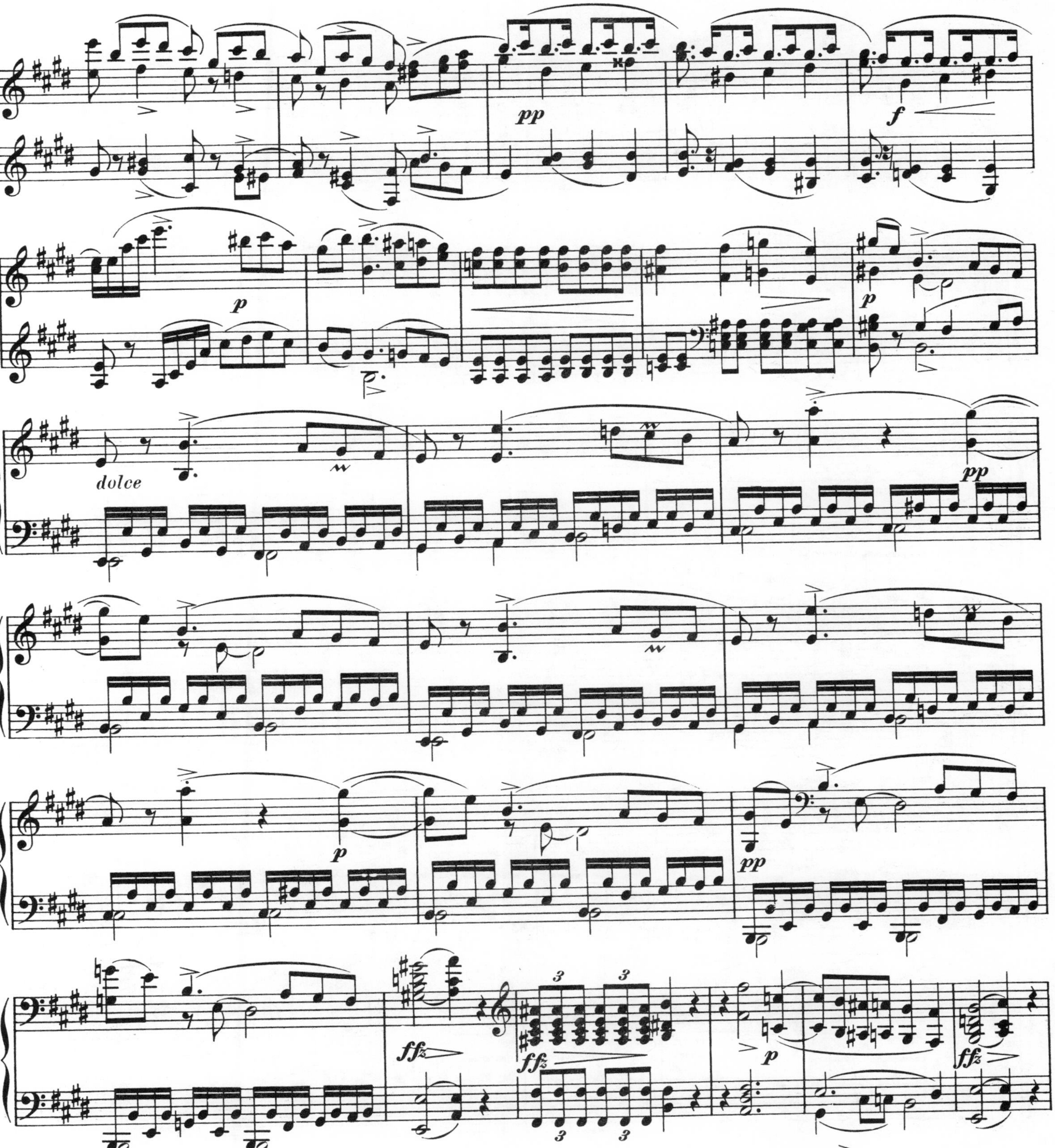
pp
f
p
p
dolce
pp
p
pp
ffz
ffz
p
ffz
ff
p
mf

SCHERZO.
Allegro.

II.

III.

Adagio.

SCHERZO CON TRIO.

IV.

Allegro.

Trio.
Più tardo.

Tempo I.

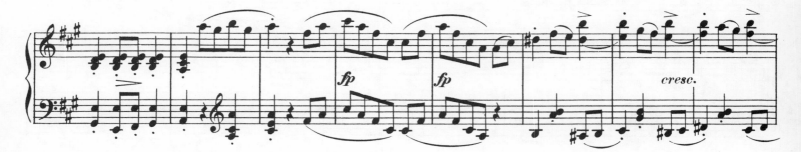

V.

Allegro patetico.

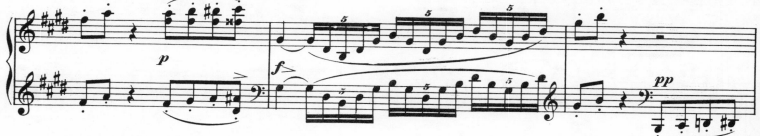

F. S. 121.

Schubert's Werke.

Zwei Scherzi
für das Pianoforte componirt
von
FRANZ SCHUBERT.

Serie 11. № 15.

I.

Allegretto.

(November 1817.)

Stich und Druck von Breitkopf & Härtel, Leipzig.

F. S. 122.

Trio. *legato*

Scherzo da Capo.

II.

Allegro moderato.

Scherzo da Capo.

Marsch

(in E dur)

für das Pianoforte componirt

von

Schubert's Werke.

FRANZ SCHUBERT.

Serie 11. No 16.

Allegro con brio.

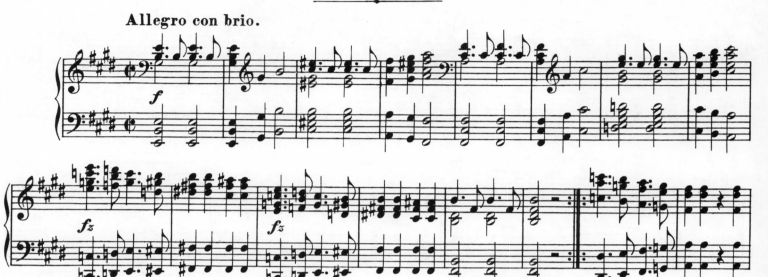

Stich und Druck von Breitkopf & Härtel, Leipzig.

F. S. 123.

Trio.

Marcia Da Capo.